42
아르테미스의 슬픈 사랑

주니어RHK

신화의 가치

신화는 한 민족의 기원이나 역사적 · 종교적 · 문화적 삶의 모습을 보여 주는 옛이야기입니다. 주로 신과 영웅에 관한 이야기가 많고, 오랫동안 입에서 입으로 전해 내려왔다는 특징이 있지요.

우리가 살펴볼 그리스 로마 신화는 고대 그리스와 로마에 전해 오는 신화와 전설을 한데 묶은 것입니다. 그리스 로마 신화는 고대의 삶을 엿보게 해 주는 문화유산일 뿐만 아니라, 세계 여러 나라의 문학과 미술에 큰 영향을 끼쳤습니다. 하지만 문화적 가치만큼이나 중요한 것이 또 있습니다. 오래된 옛이야기이면서도 거기에 담긴 교훈적 가치가 오늘날에도 여전히 쓸모 있고 중요하다는 사실입니다.

놀랍지 않나요? 수천 년 전의 이야기가 어떻게 과학 문명이 고도로 발달한 오늘날에도 통하는 것일까요? 그것은 바로 그리스 로마 신화에 나오는 신과 영웅의 모습이 오늘날 우리의 모습과 다르지 않기 때문입니다. 신들도 우리처럼 분노하고, 질투하고, 실수를 하지요. 그런 모습을 보면서 우리는 깔깔 웃거나 눈물을 흘리고, 교훈과 감동을 얻습니다. 우리가 그리스 로마 신화를 읽어야 하는 까닭이 바로 이것입니다.

신화의 세계로 떠날 여러분에게 한마디 덧붙이자면, 신화는 우리에게 끝없는 상상력을 요구한다는 점입니다. 신화 속에는 수많은 은유와 상징이 곳곳에 널려 있지요. 따라서 신화를 읽을 때에는 상상력을 최대한 발휘하여 신화 속에 숨겨진 의미를 찾고, 그것을 자기 나름대로 재해석하는 과정이 필요합니다. 이렇게 읽었을 때에야 비로소 여러분 앞에 놀라운 삶의 이야기가 펼쳐질 것입니다.

자, 그럼 흥미진진한 신화의 세계 속으로 함께 떠나 볼까요?

처녀 사냥꾼이자 순결의 상징인 아르테미스 여신이
아름다운 양치기와 사랑에 빠집니다.
늠름하고 멋진 사냥꾼 오리온을 보고는 첫눈에 반하고 말지요.
자존심 세기로 유명한 아르테미스는
과연 행복한 사랑을 이룰 수 있을까요?

주요 등장인물

제우스

올림포스 신들의 왕으로
아폴론과 아르테미스의
아버지예요.

아폴론

제우스와 레토의 아들로
아르테미스의 쌍둥이
오빠예요. 태양과 음악의
신이며 아르테미스처럼
활을 들고 다녀요.

엔디미온

아주 잘생긴 양치기로,
영원한 잠에 빠져 있어요.

오리온

바다의 신 포세이돈의 아들로,
거인이면서 뛰어난 사냥꾼이에요.

아르테미스

제우스와 레토의 딸로
아폴론과 쌍둥이 남매예요.
사냥의 신이자 달의 여신으로
순결을 중요하게 여겨요.

1
차가운 여신 아르테미스

아르테미스 여신이 남자를 언제나 미워하거나

싫어한 것은 아닙니다.

아르테미스가 사랑하고 아낀 남자도 있으니까요.

아르테미스는 달의 여신으로 밤만 되면 차갑고 밝은 빛을 내며 다녔습니다. 씩씩하게 사냥하는 모습으로 뭇 님프들의 사랑을 받기도 했지요. 하지만 아르테미스는 여신이면서도 남자에게는 눈길 한 번 주지 않았습니다. 순결을 중요하게 여기며 남자들의 사랑을 받아들이지 않았습니다.

또한 신들을 *업신여기거나 신의 비밀을 알게 된 자들에게는 망설이지 않고 가혹한 벌을 내렸습니다. 자신에게 사랑을 고백한 강의 신 알페이오스에게 창피를 주는가 하면, 자신이 목욕하는 모습을 본 악타이온은 사슴으로 만들었습니다.

아르테미스 여신은 차가운 달빛만큼이나 성격도 쌀쌀맞았습니다.

*업신여기다 교만한 마음에서 남을 낮추어 보거나 하찮게 여기다.

달의 여신을 상징하는 머리 장식

〈아르테미스의 사냥〉 얀 페이트

아르테미스는 사냥의 여신이자 달의 여신이에요. 둥그런 보름달이 점점 줄어들어 눈썹 모양의 그믐달이 되는데, 아르테미스는 그믐달 모양의 머리 장식을 머리에 달고 있답니다. 그래서 누가 보아도 한눈에 달의 여신이라는 것을 알 수 있지요.

하지만 아르테미스 여신이 남자를 언제나 싫어한 것은 아닙니다.

아르테미스는 엔디미온이라는 영원한 잠에 빠진 잘생긴 양치기를 좋아했습니다. 아르테미스는 그를 보자마자 마음을 빼앗겼습니다. 아르테미스는 잠든 엔디미온이 맹수들의 공격을 받지 않게 늘 지켜 주었습니다.

하지만 엔디미온은 영원한 잠에 빠져 있어서 아르테미스의 사랑에 *응할 수 없었습니다. 오로지 아르테미스 홀로 엔디미온의 이름을 부르고 쓰다듬었습니다. 아르테미스는 엔디미온에게 늘 환한 미소를 보냈습니다.

엔디미온에 관한 두 가지 이야기

잘생긴 양치기 청년 엔디미온은 영원히 잠만 자야 하는 운명이었어요. 엔디미온이 잠들게 된 데에는 두 가지 이야기가 전해져요. 하나는 제우스가 영원한 젊음과 영원한 잠을 함께 선물로 주었다는 것이고, 또 하나는 잠든 엔디미온의 모습에 반해 달의 여신이 그를 영원히 깨어나지 못하게 했다는 것이에요. 잠든 엔디미온에게 반하는 달의 여신은 아르테미스 또는 셀레네로 표현된답니다. 태양의 신 아폴론과 헬리오스처럼 이 둘도 혼동되어 쓰이곤 해요.

***응하다** 물음이나 요구 등에 맞추어 대답하거나 행동하다.

2
오리온과의 만남

아르테미스는 사내를 바라보았습니다.

키가 훌쩍 크고 근육이 단단해 뵈는 사내도

아르테미스를 바라보았습니다.

어느 날, 아르테미스는 커다란 활을 들고 사냥을 나갔습니다. 날씬한 노루가 눈앞으로 뛰어갔습니다. 아르테미스는 바람처럼 그 뒤를 쫓았습니다. 아르테미스가 쏜 화살이 아슬아슬하게 노루를 비껴갔습니다. 노루가 흠칫 놀라자 아르테미스는 또 하나의 화살을 쏘았습니다.

날아간 화살이 슝 하며 노루 앞 땅에

꽂히자 노루는 나아가지 못 하고 멈칫했습니다. 그때 어디선가 올가미가 날아들더니 노루의 네 발을 꽁꽁 묶었습니다.

노루는 옴짝달싹 못하고는 그대로 쓰러졌습니다.

아르테미스가 노루에게 다가가는데, 어떤 남자도 다가왔습니다. 바로 올가미를 던진 사내였습니다.

"솜씨가 대단하군요. 이렇게 빠른 노루를 올가미를 던져 잡다니. 당신은 누구죠?"

아르테미스는 사내를 바라보았습니다. 키가 훌쩍 크고 근육이 단단해 뵈는 사내도 아르테미스를 바라보았습니다.

"아르테미스 여신님이군요. 역시 사냥 실력이 대단하십니다. 전 오리온이라고 합니다."

오리온은 바다의 신 포세이돈의 아들이었습니다. 그는 몸집이 매우 큰 거인으로 무척 잘생기고 힘이 센 사냥꾼이었습니다.

사람들은 물론 숲 속 님프들 사이에서도 오리온의 인기는 하늘을 찔렀습니다. 하지만 남자에게 관심이 없는 아르테미스는 오리온에 대해 몰랐습니다.

그렇지만 아르테미스 역시 처음 보는 오리온에게 호감을 느꼈습니다.

'어쩜 이렇게 사냥 실력도 뛰어나고 잘생기기까지. 이런 남자는 처음이야.'

그날 밤, 아르테미스는 숲 속의 비밀 장소에서 님프들과 함께 목욕을 즐겼습니다. 하지만 평소와 달리 오리온 생각이 나서 머리가 어지러웠습니다. 자존심이 상했지만 꾹 참고 님프들에게 말을 꺼냈습니다.

"혹시 말이다. 너희, 오리온이라고 아니?"

그러자 님프들이 너도나도 입을 열었습니다.

“오리온 님이라고요? 물론 알지요. 이 숲에서 오리온 님을 모르는 님프는 없을 거예요!”

“용맹스럽기 그지없고요, 얼마나 온화하고 자상한지 몰라요.”

“게다가 불끈불끈 솟은 근육은 얼마나 멋진데요! 힘도 무척 세다고 들었어요!”

한참을 떠들던 님프들은 한꺼번에 아르테미스를 쳐다보았습니다.

“아르테미스 님, 그런데 오리온 님은 왜요?”

아르테미스는 그만 얼굴이 붉어졌습니다. 왠지 모르게 부끄럽고 가슴이 뛰었습니다. 아르테미스는 슬그머니 말꼬리를 흐렸습니다.

"아, 아니다. 오늘 사냥하다가 우연히 만났을 뿐이야. 그뿐이지."

아르테미스는 어색한 미소를 지으며 공연히 샘물을 퍼서 어깨에 끼얹었습니다.

3
사랑에 빠진 아르테미스

"어머, 이 드레스는 뭐지? 설마 아르테미스 님의 것인가?"

"여신님, 웬일로 드레스를 입으시려 해요?"

아르테미스가 숲에서 지내는 시간이 많아지며 오리온을 만날 기회가 많아졌습니다. 둘은 가까워져서 아르테미스는 점점 오리온을 찾게 되었습니다. 오리온도 아르테미스가 보고 싶은 건 마찬가지였습니다. 차갑고 도도하기로 소문난 아르테미스 여신이지만, 소문과 달리 미소가 따뜻했습니다. 게다가 무엇이든 쏘아 맞히는 활 솜씨는 오리온의 마음을 사로잡았습니다.

둘은 이제 늘 함께 사냥을 했습니다.

'이게 남들이 다 한다는 사랑이란 것인가?'

아르테미스는 기분이 이상해진 것을 느꼈습니다.

거인 사냥꾼 오리온

〈아르테미스와 오리온〉 니콜라 푸생

아르테미스가 구름 위에서 누군가를 내려다보고 있어요. 어깨 위에 누군가를 태우고 걸어가는 거인이 바로 오리온이지요. 오리온의 오른손에는 활이 들려 있어요. 오리온도 활을 잘 쏘는 뛰어난 사냥꾼이어서 아르테미스와 가까워질 수 있었답니다.

그날 밤 목욕을 하러 샘터에 모인 님프들은 깜짝 놀랐습니다. 못 보던 하늘하늘한 드레스가 걸려 있었습니다.

"어머, 이 드레스는 뭐지? 설마 아르테미스 님의 것인가?"

"여신님, 웬일로 드레스를 입으시려 해요?"

님프들은 눈을 동그랗게 뜨며 고개를 갸우뚱했습니다. 아르테미스 여신은 평소에 사냥복만 입었습니다. 하늘거리는 드레스나 치렁치렁한 치마는 한 번도 입은 적이 없었습니다.

"호들갑은 그만 떨어라. 내가 입으면 안 될 옷이라도 되느냐?"

아르테미스가 부끄러워하며 말했습니다. 님프들은 키득

키득 웃으며 소곤거렸습니다.

“아르테미스 님이 정 말 오리온 님을 사랑 하시나 봐.”

“맞아. 이제껏 드레스는 한 번도 안 입으셨잖아.”

아르테미스는 드레스를 차려입고 숲으로 나갔습니다. 멀리서 오리온이 다가왔습니다.

"오, 아르테미스 님! 오래 기다리셨나요?"

"아니에요. 지금 막 도착한걸요."

"오늘따라 여신님이 무척 아름다워요. 드레스가 참 잘 어울리는군요."

오리온이 활짝 웃으며 칭찬하자, 아르테미스의 얼굴이 발그레 달아올랐습니다.

"이런 옷을 입은 제 모습이 어색하지 않나요?"

"무슨 말이에요. 당신의 아름다움은 어떤 옷을 입어도 변함이 없어요."

오리온은 늘 당당하고 아름다운 아르테미스가 사랑스러웠습니다.

아르테미스 역시 시간이 흐를수록 오리온을 향한 마음이 사랑임을 느끼게 되었습니다.

“오리온! 우리 오늘은 어디로 사냥하러 갈까요?”

“저 산등성이 너머 울창한 숲으로 가면 어떨까요? 그곳에는 사냥감이 많을 거예요.”

“좋아요, 가 봐요.”

아르테미스가 방긋 웃었습니다. 오리온도 환한 미소를 지으며 푸른 언덕을 달려갔습니다.

이렇게 둘은 들판과 숲 속을 마음껏 뛰어다니며 시간 가는 줄

모르고 사냥을 했습니다. 어느새 해가 뉘엿뉘엿 지고, 어둠이 깔렸습니다. 사냥하느라 지친 아르테미스와 오리온은 언덕 위에 앉아 시원한 바람을 쐬었습니다.

아르테미스는 오리온의 피로를 풀어 주고 싶었습니다. 그래서 은빛 구두를 신고 드레스를 휘날리며 사뿐사뿐 춤을 추었습니다. 오리온은 그 모습을 지그시 바라보며 눈을 반짝였습니다.

둘의 사랑은 누구도 말릴 수 없을 만큼 깊어졌습니다.

아르테미스와 오리온이 함께 지내는 시간이 많아지면서 사람들의 눈에도 띄었습니다. 그러자 아르테미스와 오리온이 결혼할 것이라는 소문이 나돌았습니다.

“아르테미스 여신과 거인 오리온이 함께 만나는 거 봤어?”

“암, 봤지. 정말 다정해 보이던데?”

“이러다가 둘이 결혼하는 거 아냐?”

사람들은 모이기만 하면 아르테미스와 오리온 이야기로 수군거렸습니다.

4
아폴론의 반대

"아르테미스! 네 소문 다 들었다. 대체 오리온과 어떤 사이기에
그런 이상한 소문이 도는 것이냐!"
"그런 말씀 마세요. 이상한 소문이라니요.
저는 오리온을 사랑해요."

이 소문은 올림포스까지 전해졌습니다. 올림포스의 신들은 모두 놀랐습니다.

"허허, 내 딸 아르테미스가 결혼한다고 나설 줄이야. 정말 신기하구나!"

제우스가 껄껄 웃었습니다.

아르테미스의 쌍둥이 오빠 아폴론도 이 소문을 들었습니다. 하지만 아폴론은 펄쩍 뛰었습니다.

"그게 정말인가? 내 여동생이 인간 따위인 오리온과 사랑을 나누고 그것도 모자라 결혼을 한다고? 정말?"

다른 신들은 보고 들은 것을 낱낱이 말해 주었습니다.

“그래, 아폴론. 어제도 둘이서 다정히 사냥을 하던데? 사냥뿐이겠어? 요새는 아주 온종일 붙어 다닌다고.”

아폴론은 이를 바드득 갈았습니다.

"오리온 이 녀석……."

아폴론이 이렇게 화를 내는 데에는 이유가 있었습니다. 아폴론은 오리온이 처음부터 마음에 들지 않았습니다. 오리온이 한때 다른 여인을 사랑한 사실을 알기 때문이었습니다.

그 여인은 키오스 섬의 왕인 오이노피온의 딸 메로페였습니다. 오리온은 메로페 공주와 결혼하려는 것을 왕이 *승낙하지 않자, 억지로 공주를 차지하려 했습니다. 화가 난 오이노피온 왕은 오리온을 술에 취하게 한 뒤 두 눈을 칼로 찔렀습니다.

*승낙 청하는 바를 들어줌.

그 뒤로 앞을 못 보고 방황하던 것을 아폴론이 가엾게 여겨, 다시 볼 수 있게 만들어 준 것입니다.

아폴론은 오리온을 떠올리며 생각에 잠겼습니다.

'오리온이 내 여동생과 결혼하는 것을 결코 허락할 수 없어.'

"당장 아르테미스를 불러오너라!"

아폴론이 신하에게 말했습니다. 얼마 뒤, 아르테미스가 나타났습니다.

"아르테미스! 네 소문 다 들었다. 대체 오리온과 어떤 사이기에 그런 이상한 소문이 도는 것이냐!"

"그런 말씀 마세요. 이상한 소문이라니요. 저는 오리온을 사랑해요. 오리온도 저를 사랑하고요."

"뭐라고? 아르테미스, 너는 순결의 여신이다. 그런데 *한낱 인간인 오리온에게 마음을 빼앗기다니 그게 말이 되느냐?"

"*오라버니는 왜 오리온을 싫어하세요? 그처럼 듬직하고 따뜻한 사람도 없어요. 오라버니가 아무리 말려도 제 대답은 똑같아요. 오리온을 향한 저의 사랑은 변치 않을 거예요."

아르테미스가 당당하게 외쳤습니다.

*한낱 기껏해야 대단한 것 없이 다만.
*오라버니 오빠의 높임말.

"이런, 그냥 두어선 안 되겠군."

아르테미스가 말을 듣지 않고 가 버리자, 아폴론은 오리온을 몰래 해치기로 마음먹었습니다. 아폴론은 곧장 거대한 *전갈을 불렀습니다.

"곧장 오리온 녀석에게로 가서 녀석의 발꿈치를 꽉 물어 더 이상 걷지 못하게 만들어라!"

전갈은 바로 오리온에게 갔습니다. 거대한 전갈이 무시무시한 집게발과 꼬리를 들고 다가오자 오리온은 깜짝 놀랐습니다. 얼른 화살을 꺼내 쏘면서 전갈과 맞섰습니다.

"이 전갈은 도대체 어디서 나타난 거지?"

전갈과 싸우던 오리온은 바다로 뛰어들었습니다. 이윽고 바다에서 전갈과 오리온의 한바탕 싸움이 벌어졌습니다. 둘은 점점 더 먼 바다로 나아갔습니다.

*__전갈__ 마디로 나뉜 몸이 딱딱한 껍질로 덮여 있고 꼬리 끝에 독침이 있는 동물.

바다 먼 곳에서 거대한 전갈과 싸우고 있는 오리온의 모습을 지켜보던 아폴론이 뜻 모를 미소를 지었습니다.

'그래! 바로 이때야.'

아폴론은 속으로 *쾌재를 부르며 곧장 아르테미스를 바닷가로 불렀습니다.

***쾌재** 일 따위가 마음먹은 대로 잘되어 만족스럽게 여김. 또는 그럴 때 나는 소리.

5
아르테미스의 화살

"오라버니! 무슨 말씀이세요?
내가 저것 하나 맞히지 못한다면
사냥의 여신이라 할 수 있겠어요?"

"오라버니, 또 무슨 일이죠? 저를 설득하려는 거라면 전 더 이상……."

"아니다, 아르테미스. 오늘은 오랜만에 네 활 솜씨를 보고 싶어서 부른 거야. 저 멀리 바다를 보아라. 바다 위를 떠다니는 작은 점이 보이느냐?"

"예, 보여요."

"그렇다면 이 자리에서 네 활 솜씨가 얼마나 뛰어난지 보여 다오. 내가 생각하기에는 네가 아무리 활을 잘 쏜다 해도 저 작은 점은 맞히기 어려울 것 같은데."

아폴론은 아르테미스의 자존심을 슬쩍 건드렸습니다.

“오라버니! 무슨 말씀이세요? 내가 저것 하나 맞히지 못한다면 사냥의 여신이라 할 수 있겠어요?”

아르테미스는 바다 위의 작은 점을 뚫어지게 바라보았습니다.

“그런데 저게 무엇이죠?”

"왜 그러느냐. 큰소리는 쳤지만 영 자신이 없나 보구나."

"오라버니는 동생인 저를 몰라도 너무 모르는군요. 좋아요. 그럼, 저랑 약속해요. 만일 저 점을 한 번에 맞힌다면 제 활 솜씨가 오라버니보다 뛰어나다는 것을 인정하는 거예요."

"아, 그야 물론이지."

아폴론의 대답이 끝나기 무섭게 아르테미스는 화살집에서 가장 튼튼한 화살을 꺼냈습니다. 그러고는 바다 위의 점을 겨냥하며 활시위를 당겼습니다.

피유웅!

화살은 바람처럼 날아가 작은 점에 꽂혔습니다. 그 순간, 조금 전까지 움직이던 작은 *표적이 바닷속으로 들어갔습니다.

아르테미스의 죽음의 화살

아르테미스는 사냥의 신, 달의 신일 뿐만 아니라 처녀의 수호신이자 출산의 신, 아이들을 보호하는 신이었어요. 특히 아기를 낳을 때 겪는 고통을 없애는 능력을 지녔답니다. 그래서 고대 그리스 사람들은 아기를 낳다가 죽는 여인들은 아르테미스의 화살에 맞아 죽은 것이라고 믿었어요. 또 아르테미스의 화살은 순식간에 날아와 고통 없이 목숨을 앗아 간다고 여겼어요. 그래서 갑자기 죽음을 맞는 사람들도 그녀의 화살을 맞았다고 생각했답니다.

***표적** 목표로 삼는 물건.

"자, 오라버니, 똑똑히 보셨지요?"

아르테미스가 기쁨에 젖어 말했습니다.

"그래, 잘 보았다. 역시 네 활 솜씨는 대단하구나. 내가 얕잡아 봐서 미안하다."

아폴론은 뜻 모를 미소를 지었습니다.

얼마 뒤 무엇인가가 파도에 떠밀려 바닷가에 닿았습니다.

"저게 대체 뭐지?"

아르테미스는 고개를 갸웃거리며 다가갔습니다.

그런데 이게 어찌된 일일까요? 파도에 밀려온 것은 오리온이었습니다. 오리온의 가슴에는 아르테미스가 쏜 화살이 꽂혀 있었습니다.

"으아악! 오리온!"

아르테미스는 비명을 내지르며 주저앉았습니다.

"이럴 수가! 내가 쏜 화살에 오리온이 맞다니!"

아르테미스는 오리온을 부둥켜안고 눈물을 쏟아냈습니다.

"오리온! 오리온! 눈 좀 떠 봐요, 네?"

하지만 때는 늦었습니다. 오리온은 숨이 멎었습니다. 아르테미스는 슬픔에 젖어 울부짖었습니다.

"오라버니! 왜 이런 끔찍한 일을 벌였나요? 내가 사랑하는 사람을 왜 내 손으로 죽이게 했나요? 왜요, 왜!"

아르테미스는 바닷가를 떠나지 않고 *통곡했습니다. 님프들이 안타까워하며 아르테미스의 곁을 지켰습니다. 하지만 그 누구도 아르테미스의 슬픔을 덜어 주지는 못했습니다.

*통곡 소리를 높여 슬피 울.

6
별이 된 오리온

제우스는 오리온을 향해 팔을 뻗었습니다.
두 손에서 눈부신 빛이 뿜어져 나왔습니다.
그 빛은 거인 오리온을 가뿐하게 들어 올려
높은 밤하늘로 옮겼습니다.

보다 못한 님프들은 제우스에게 달려갔습니다. 이야기를 들은 제우스는 곧바로 아르테미스가 있는 바닷가로 갔습니다.

"아르테미스, 이제 그만 눈물을 거두어라."

"아, 아버지. 제 손으로 사랑하는 사람을 죽였어요. 가슴이 찢어질 것 같아요."

"얘야, 이미 엎질러진 물이란다. 그러니 더 이상 괴로워하지 마라."

"아버지, 간절히 부탁드려요. 제발 오리온을 살려 주세요."

"아르테미스, 그건 안 된다. 너도 알지 않느냐. 이미 쏜 화살을 되돌릴 수 없는 것처럼 오리온의 죽음도 되돌릴 수 없단다. 이제 눈물을 닦고 올림포스로 가자꾸나."

아르테미스는 돌이킬 수 없는 슬픔에 목이 메었습니다.

"아버지, 그렇다면 제 소원 하나만 들어주세요."

"그래, 네 소원이 무엇이냐?"

"죽은 오리온을 언제나 볼 수 있도록 밤하늘의 별로 만들어 주세요."

제우스는 사랑하는 딸 아르테미스의 부탁을 거절할 수 없었습니다.

"그래, 너의 소원을 들어주마. 오리온을 별로 만들어 주겠다."

제우스는 오리온을 향해 팔을 뻗었습니다. 두 손에서 눈부신 빛이 뿜어져 나왔습니다. 그 빛은 거인 오리온을 가뿐하게 들어 올려 높은 밤하늘로 옮겼습니다.

마침내 오리온은 캄캄한 밤하늘에서 크고 밝게 빛나는 별이 되었습니다. 오리온은 사자 털가죽을 몸에 두르고 몽둥이를 든 거인의 모습으로 아름답게 반짝였습니다.

"아버지, 정말 고맙습니다."

아르테미스는 오리온 별을 보면서 흐르는 눈물을 닦았습니다.

그 후, 아르테미스는 오리온이 밤하늘에 홀로 있는 것이 마음에 걸렸습니다. 그래서 오리온이 키우던 사냥개들을 오리온 곁에 올려놓아 오리온을 따르도록 해 주었습니다.

아르테미스는 사랑하는 오리온이 보고 싶을 때마다 밤하늘을 올려다보며 눈물을 *훔치곤 했답니다.

*훔치다 물기나 때 따위가 묻은 것을 닦아 말끔하게 하다.

오리온 별자리

오리온 별자리는 눈으로도 볼 수 있을 만큼 매우 밝은 빛을 내는 별이에요. 오리온자리는 겨울에 볼 수 있는 대표적인 별자리랍니다. 오리온자리 주변에는 전갈자리와 큰개자리, 작은개자리가 있어요. 전갈은 오리온을 해치려 했던 존재, 큰 개와 작은 개는 오리온이 기르던 사냥개라는 이야기가 있답니다.

신화 OLYMPUS GUARDIAN 뒷이야기

아르테미스가 아무리 쌀쌀맞고 *매정했다고 해도 그녀 역시 사랑을 피해 갈 수는 없었습니다. 아르테미스가 사랑한 사람으로 양치기 엔디미온과 거인 오리온이 있습니다. 둘 다 슬프고 안타까운 사랑이었지요.

그중에 오리온은 바다의 신 포세이돈의 아들이었습니다. 솜씨 좋은 사냥꾼 오리온은 금세 아르테미스와 가까워졌습니다. 늘 당당하던 아르테미스도 오리온 앞에서만큼은 부끄러움을 타는 여신이 되었습니다.

하지만 이를 안 아폴론은 오리온을 못마땅하게 여겨 둘 사이를 갈라놓을 계획을 짭니다. 먼 바다에 떠 있는 오리온이 점처럼 작게 보이자, 아르테미스를 불러 활쏘기를 시험한 것이지요.

누구에게도 지기 싫어하고 자존심이 강했던 아르테미스는 바다 위에 보이는 점을 맞힐 수 없을 거라는 아폴론의 말에 발끈합니다. 그러고는 자신 있게 활시위를 당깁니다. 화살은 날아가서 바다 위의 작은 점을 맞히고, 오리온은 그 화살에

*__매정하다__ 얄미울 정도로 쌀쌀맞고 인정이 없다.

목숨을 잃습니다.

아르테미스는 바닷가로 떠밀려 온 오리온을 보고 나서야 자신이 화살을 쏘아 맞힌 것이 사랑하는 오리온임을 알게 되지요. 그녀는 가슴이 찢어질 듯한 슬픔에 하염없이 눈물을 흘리고, 제우스에게 부탁해 오리온을 밤하늘의 별자리가 되게 합니다.

악타이온을 잔인하게 벌했던 아르테미스는 자신 또한 용서와 너그러움을 모르는 오빠 아폴론 때문에 상처를 받게 된 것입니다. 사실, 아르테미스의 지나친 자존심이 오리온을 죽음으로 몰고 갔다고 볼 수도 있습니다. 지기 싫어하는 성격 때문에 아폴론의 꾀에 걸려들었으니까요.

그리스 로마 신화 속에는 자만심 때문에 신의 분노를 사 벌을 받은 인간들이 많이 나옵니다. 신도 예외가 아니었나 봅니다.

올림포스 신들의 계보

크로노스 + 레아
하데스
지하 세계의 왕
포세이돈
바다의 신
제우스
신들의 왕
헤라
신들의 여왕,
제우스의 아내
헤스티아
난로·불의 여신
데메테르
대지의 여신
아테나
지혜 · 전쟁의 여신
제우스 + 메티스
아폴론
의술 · 음악의 신
제우스 + 레토
아르테미스
사냥 · 순결의 여신
아스클레피오스
의술의 신
아레스
전쟁의 신
제우스 + 헤라
헤파이스토스
대장간의 신
제우스 + 디오네
아프로디테
헤파이스토스의 아내,
미의 여신
에로스
사랑의 신
헤르메스
신들의 전령,
상업의 신
제우스 + 마이아
디오니소스
술의 신
제우스 + 세멜레
페르세포네
하데스의 아내
지하 세계의 여왕
제우스 + 데메테르

⚜ 그리스 로마 신화 주요 인물의 이름 ⚜

그리스 어	로마 어	영어
가이아	텔루스	
니케	빅토리아	나이키, 빅토리
데메테르	케레스	세레스
디오니소스	바쿠스	바커스
레아	키벨레	시벨레
아레스	마르스	마스
아르테미스	디아나	다이애나
아테나	아테네, 미네르바	
아폴론	아폴로	아폴로
아프로디테	베누스	비너스
에로스	쿠피드, 아모르	큐피드
오디세우스	울릭세스	율리시스
우라노스	카일루스	유러너스
제우스	유피테르	주피터
크로노스	사투르누스	새턴
페르세포네	프로세르피나	
포세이돈	넵투누스	넵튠
하데스	플루톤	플루토
헤라	유노	주노
헤라클레스	헤르쿨레스	허큘리스
헤르메스	메르쿠리우스	머큐리
헤스티아	베스타	
헤파이스토스	불카누스	벌컨

그리스 로마 신화 올림포스 가디언 42

아르테미스의 슬픈 사랑

펴낸이 양원석
펴낸곳 (주)알에이치코리아
등록 2004년 1월 15일 제2-3726호
주소 서울특별시 금천구 가산디지털2로 53, 20층 (한라시그마밸리)
문의전화 02)6443-8800

ISBN 978-89-255-4406-9(74800)
ISBN 978-89-255-4354-3(세트)

값 12,800원

원작 : 만화로 보는 그리스 로마 신화(가나출판사)
이광진 엮음, 홍은영 그림
사진 구입처 유로크레온(주)

※잘못된 책은 구입하신 곳에서 바꾸어 드립니다.
※책 모서리가 날카로워 다칠 수 있으니 사람을 향해 던지거나 떨어뜨리지 마십시오.

알에이치코리아 홈페이지와 카페, SNS로 들어오시면 자사 도서에 대한 더 많은 정보와 다양한 이벤트 혜택을 확인할 수 있으며,
E-book몰에서는 전자북으로도 만나볼 수 있습니다.

주니어RHK 홈페이지 http://jrrhk.com | E-book몰(RHK북스) http://ebook.rhk.co.kr | 북카페 http://cafe.naver.com/randomhousekorea
페이스북 https://www.facebook.com/rhk.co.kr | 트위터 @randomhouse_kr | 유튜브 http://www.youtube.com/randomhousekorea